Rédaction : Agnès **Vandewiele,** Michèle **Lancina**
Direction éditoriale : Françoise **Vibert-Guigue**
Édition : Brigitte **Bouhet**
Direction artistique, conception graphique et réalisation :
F. **Houssin** & C. **Ramadier** pour **Double**, Paris.
Direction de la publication : Dominique **Korach**
Fabrication : Jacques **Lannoy**

21, rue du Montparnasse 75 006 Paris. ISBN 203553030X. Impression MAME
Photogravure I.G.S. Dépôt légal : septembre 2002. N° de projet 10087306.
Conforme à la loi numéro 49 956 du 16 juillet 1949 sur les publications destinées à la jeunesse

MES PETITES ENCYCLOPÉDIES LAROUSSE

Les animaux de la savane

Illustré par **Jérôme Ruillier**

LAROUSSE

Dans la savane

Dans la savane il y a
de grandes **prairies**
et quelques arbres.
Il fait **très chaud**.
De nombreux **animaux**
vivent dans la savane, car
il y a beaucoup à manger.

Le plus gros, c'est l'éléphant

Il pèse autant
que **100 personnes** !

Il est aussi **grand** qu'une maison.

Il peut vivre jusqu'à 80 ans.
Un mâle **grandit** toute sa vie.

Il a besoin de **beaucoup** boire.

L'éléphant
mange
jour et nuit,
il absorbe
d'énormes
quantités
d'herbe et
de feuilles
par jour.

Une **trompe** à tout faire

La **peau** de l'éléphant est **épaisse** mais très sensible.
Il est souvent piqué par les insectes.

Les **pique-bœufs** vivent sur le dos des éléphants : ils les débarrassent des insectes et des parasites.

Avec sa trompe…

… il **sent** et il respire
même sous l'eau.

… il **attrape** les feuilles
et les mange.

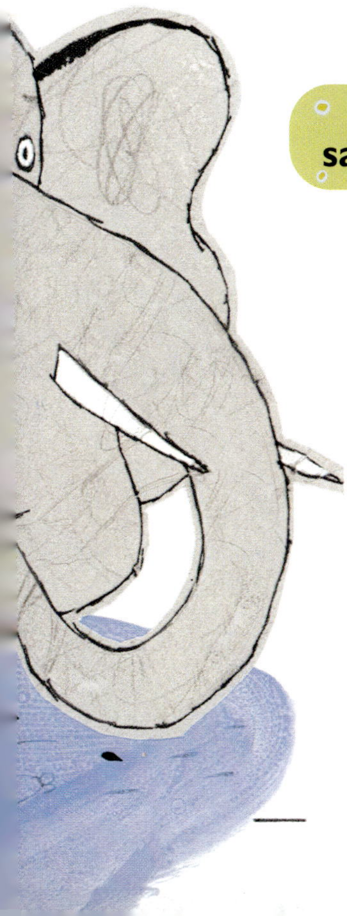

… il se douche
pour se rafraîchir.

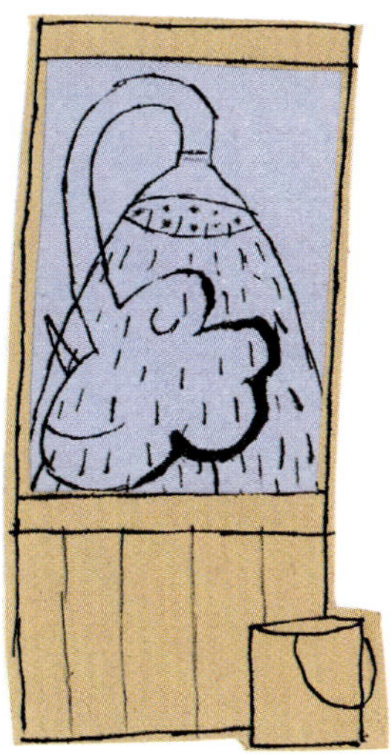

… il **arrache** les arbres.

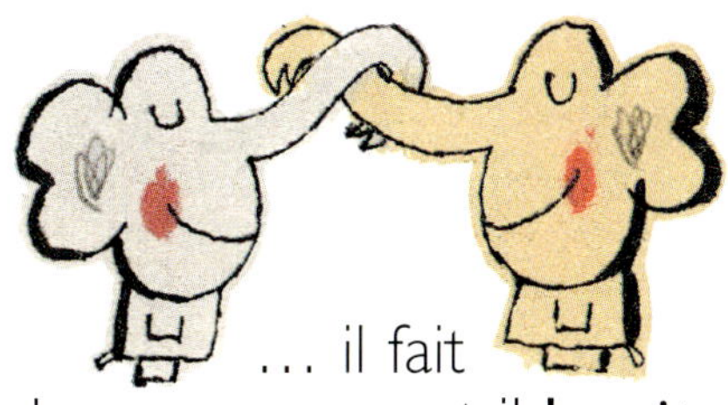

… il fait
des caresses… et il **barrit**.

Une famille de filles

Les troupeaux sont formés de plusieurs éléphantes de la même famille, une **mère** et ses **filles**, chacune avec leurs enfants. L'éléphante la plus âgée est le chef.

Dès la naissance, l'**éléphanteau** tète sa maman.

Les petits éléphants adorent **jouer**.

Pour **accueillir** le petit nouveau, tous les éléphants du troupeau viennent le renifler, le **caresser**.

Les petits ont besoin de beaucoup **dormir** : ils se couchent dès que le troupeau s'arrête.

La plus haute, c'est la girafe

Grâce à son **long cou** et à sa **grande langue,** elle attrape les feuilles tendres au sommet des arbres.

Son arbre préféré c'est l'**acacia**, un grand arbre plein d'épines.

La girafe marche
à grands pas,
en levant
en même temps
les deux pattes
du même côté.

À cause de sa grande taille,
la girafe a du mal à se lever
et à se coucher.
Elle dort **debout**.

Boire, ce n'est pas facile non plus !
Heureusement, la girafe n'a pas
besoin de boire
beaucoup.

Les mâles se battent
avec leur cou.

Seules ou en groupes

Les girafes ont une très bonne **vue** :
elles voient
très loin !

Les girafes vivent seules, mais en cas de **danger**, elles se regroupent pour mieux se défendre.

Chacune surveille un coin de la savane. La plus grande **protège** les autres.

Chaque girafe a des **taches différentes**.

Le zèbre

Les zèbres vivent en grands **troupeaux**
pour mieux se protéger de
leurs ennemies les lionnes.

Le zèbre a des **rayures**
partout, même sur la crinière !

Tous les zèbres ont
des rayures **différentes**.

Au moindre danger, les zèbres s'enfuient au galop. Ils peuvent **courir vite** et longtemps.

Le rhinocéros

Le **rhinocéros** vit seul.
Il mange
les **buissons épineux**
de la savane.

Des oiseaux vivent sur son dos :
le grand **héron garde-bœuf**
et le petit **pique-bœuf**.
Ils mangent les **insectes**
et le préviennent du danger.

Lorsque deux rhinocéros se rencontrent,
ils croisent leurs **cornes** et se donnent quelques **coups** en grognant.

Le rhinocéros **transpire** beaucoup et a besoin de **boire** souvent.

Son grand **ennemi** est le **moustique**.
Il se roule dans la **boue**
pour s'en protéger.

Deux cornes sur le nez

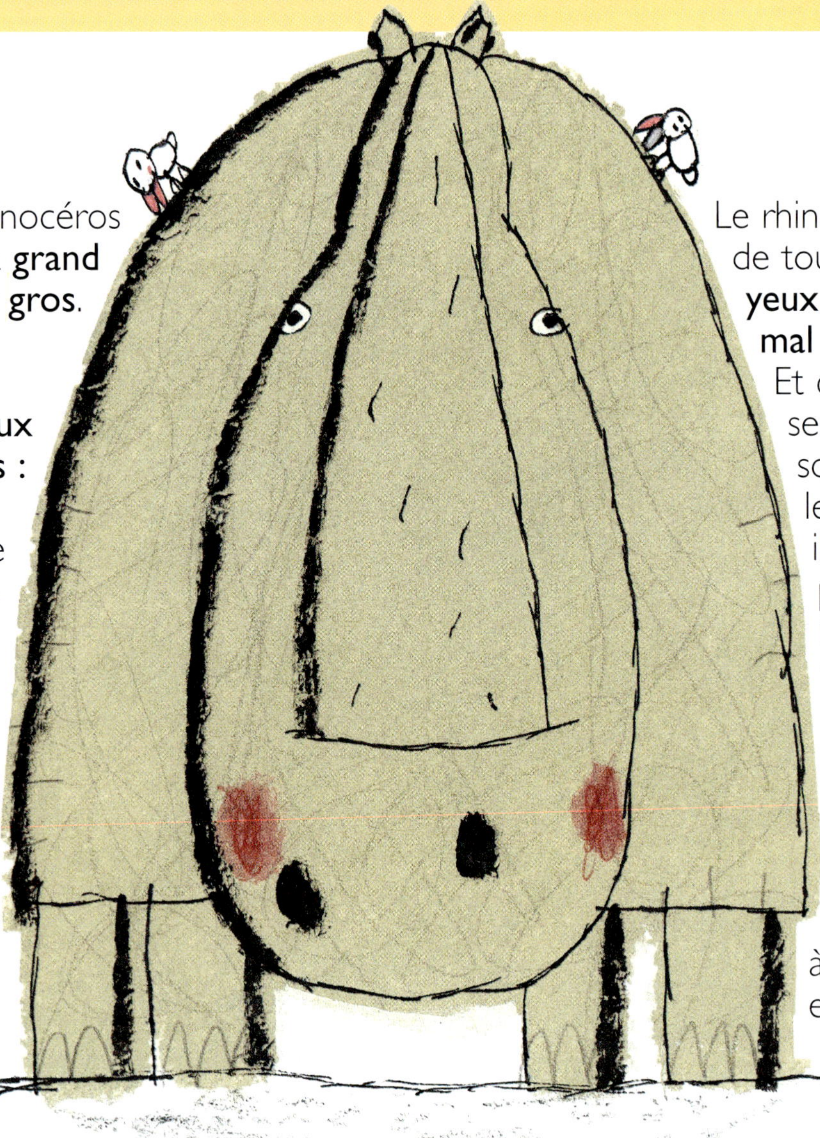

Le rhinocéros est **grand** et **gros**.

Il a **deux cornes :** une grande et une petite.

Le rhinocéros a de tout **petits yeux**. Il **voit très mal** de loin. Et comme ses yeux sont sur les côtés, il ne voit pas de face. Il doit toujours tourner la tête.

Il se dirige à **l'odeur** et au **bruit**.

Sa mère le **protège** farouchement, car, sans corne, il ne peut pas se défendre.

À sa naissance, le bébé rhinocéros est tout petit. Il n'a **pas de cornes**.

Bientôt il n'y aura plus de rhinocéros… sauf dans les zoos. Car ils sont **massacrés par les chasseurs** qui vendent très cher leurs cornes.

L'hippopotame

Les hippopotames passent leurs journées **dans l'eau**, pour se protéger du soleil brûlant et se rafraîchir.

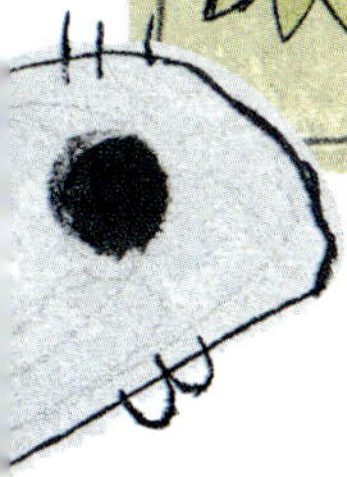

Le soir, les hippopotames sortent **tous ensemble** de l'eau pour aller brouter. Ils passent toujours par le **même chemin**.

Les hippopotames **mangent la nuit** car ils n'aiment pas le soleil.

Toujours dans l'eau

L'hippopotame a une **grosse tête** et une énorme **mâchoire** qu'il ouvre très grand quand il **baille**.

Il ressemble à un gros tonneau sur de **petites pattes**.

Quand il sort de l'eau, il se couvre d'un liquide rouge qui le **protège** du soleil. On dirait qu'il saigne !

Les **petits** savent nager avant
de savoir marcher.
Ils **tètent** leur maman **sous l'eau**,
sans respirer.
Puis ils montent sur son dos
pour se reposer.

Jusqu'à deux ans, les petits
marchent **à côté de leur mère**, les autres
suivent derrière, à la queue leu leu, du plus jeune au plus grand.

Le lion

Le soir, au coucher du soleil, le roi de la savane ouvre grand sa gueule et pousse son terrible cri : il **rugit**.

Les lions n'aiment pas
la chaleur.
Ils passent de longues
journées à somnoler,
à l'ombre d'un arbre.

Une vie de roi

Les lions et les lionnes sont très **différents**.
La lionne est plus petite, plus fine, plus musclée.

Le lion a une impressionnante **crinière**
et des poils autour de la gueule.

Ce sont les **lionnes qui chassent** car les lions sont plus faciles à repérer.

Les lionnes chassent **à 2 ou 3** pour être plus efficaces.

Elles chassent des zèbres ou des gnous.

Les lionnes rapportent leurs proies pour les lions et les lionceaux. Les lions mangent toujours **les premiers**, puis c'est au tour des lionnes et enfin des lionceaux !

Le guépard

Le guépard est un champion de **course**.
C'est un **félin**, comme les chats et les panthères.

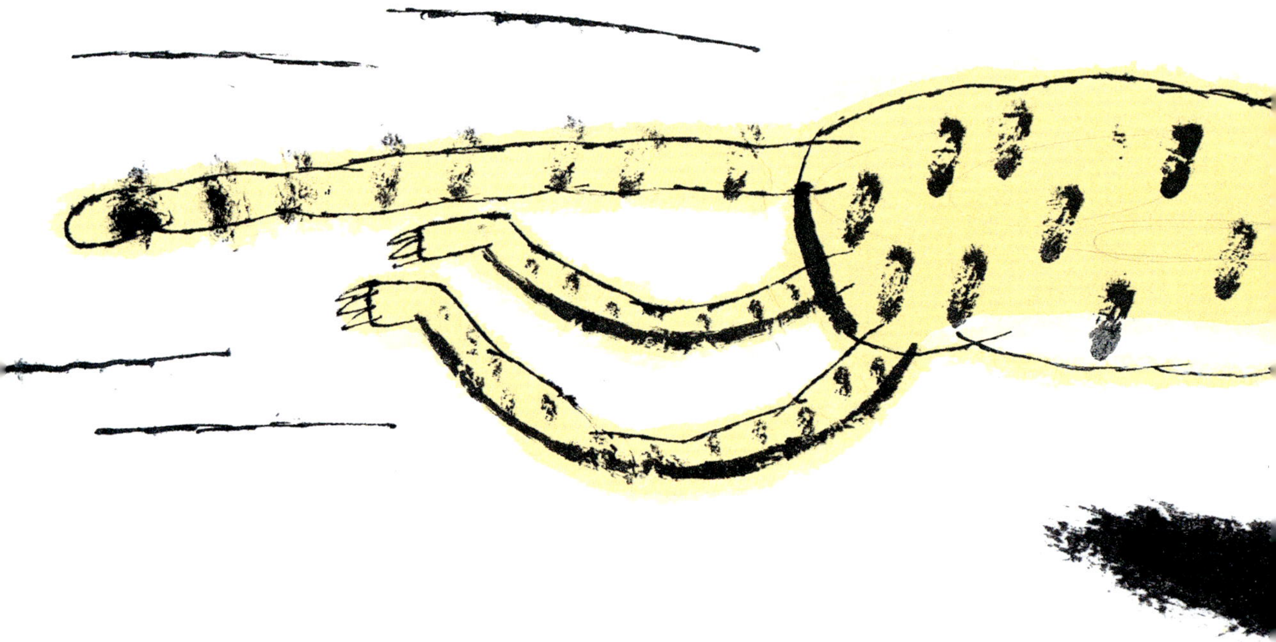

Il a une petite tête, de grandes pattes et une longue queue.
Sa fourrure est couverte de petites **taches noires**.
Il a aussi des marques noires sur les joues.

Un grand chasseur

Le guépard ne chasse pas en même temps que les lionnes et les panthères. Il choisit aussi des animaux plus petits, comme les **gazelles**.

Le guépard peut courir très vite, mais pas très longtemps, au bout d'une minute **il doit s'arrêter**... et beaucoup de proies lui échappent.

Le guépard n'aime que la **viande fraîche**.
Il doit manger sa proie dès qu'il l'a tuée.

Les **bébés** guépards sont minuscules et très vulnérables : beaucoup sont mangés par les aigles ou les hyènes.
Pour les protéger, leur mère change leur **cachette** tous les jours.

À un an et demi, les guépards sont déjà grands : ils peuvent vivre **seuls**.

Records

Le plus **gros**
et le plus **gourmand**

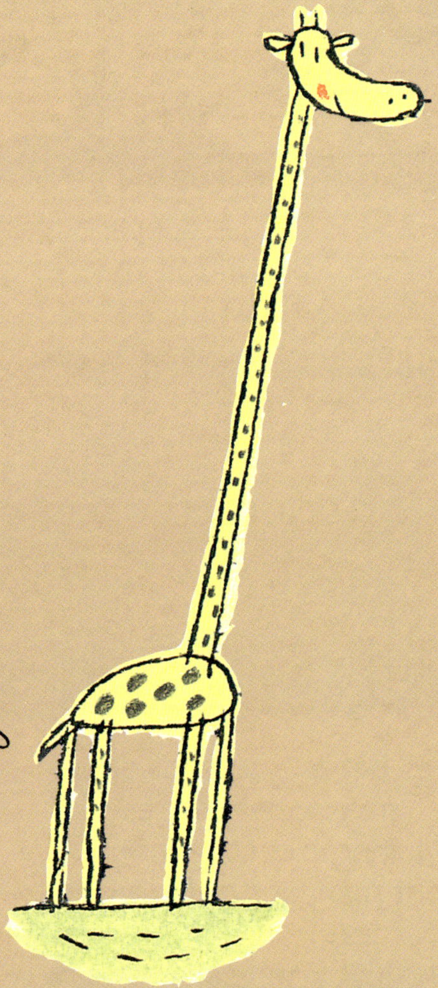

La plus **grande**

Le plus **vieux**

Le plus **rapide**